# AFFAIRE BEREZOWSKI

COUR D'ASSISES DE LA SEINE

Audience du 15 Juillet 1867

## PLAIDOIRIE ET RÉPLIQUE

DE

# M<sup>e</sup> EMMANUEL ARAGO

PARIS

TYPOGRAPHIE DE ROUGE FRÈRES, DUNON ET FRESNÉ,
RUE DU FOUR-SAINT-GERMAIN, 43.

En vente chez tous les Libraires

1867

# AFFAIRE BEREZOWSKI

## PLAIDOYER ET RÉPLIQUE

DE

# Mᴱ EMMANUEL ARAGO.

MESSIEURS LES JURÉS,

Vivement ému par le grave et solennel procès dont vous êtes ici les juges souverains, j'opposerai d'abord, aux dernières paroles de M. le procureur général, l'expression sincère de la pensée qui me domine lorsque je vais défendre Antoine Berezowski. L'accusation vous demande le plus terrible des verdicts ; et je ne crois pas assister un de ces criminels que doit ainsi frapper, en détournant les yeux, votre bonne justice.

Voyons si je me trompe. Étudions la vie, c'est-à-dire le cœur, la foi du prévenu ; connaissons-le bien ; recherchons ce qui fatalement, irrésistiblement, vient de l'armer chez nous, au milieu d'une fête, contre Alexandre II, empereur de Russie, maître de la Pologne, de la chère patrie dont le nom prononcé, même dans sa prison, durant nos tristes entretiens, éclaire son visage ou l'inonde de larmes.

Il a vingt ans. La vie, celle qui traduit par des faits les aspirations et les besoins de l'âme, n'a commencé pour lui qu'en 1863, à l'époque où son père, absent de Volhynie depuis plusieurs années, passa quelques semaines au foyer de famille, et lui conseilla de partir, de l'accompagner en Russie.

Ce fut alors, messieurs, qu'Antoine Berezowski, blessé d'un tel projet, se révéla subitement aux regards paternels, que l'enfant devint homme, et l'homme citoyen, et le citoyen patriote. Il ne voulut pas obéir, quitter sa Volhynie. Pourquoi? Vous le savez : parce qu'il entendait gronder au loin le bruit d'un soulèvement national ; parce qu'il exécrait le joug de l'étranger ; parce qu'il sentait approcher l'heure des saints combats, des guerres légitimes ; parce qu'il avait pris la résolution de suivre partout en Pologne le drapeau de l'indépendance.

Voilà son premier acte ; et je n'y vais pas insister pour glorifier son courage ; pour l'admirer, si jeune, sur les champs de bataille, accomplissant le vœu que prononce à genoux chaque enfant polonais, dès qu'il peut comprendre et prier ; pour vous raconter le martyre de l'héroïque nation qu'on écrase toujours, toujours vivante cependant et protestant toujours, depuis le traité de partage de 1773, partage qui livrait à l'impératrice Catherine les provinces volhyniennes (le pays de Berezowski), et qui ne fut signé par Marie-Thérèse d'Autriche que sous la réserve suivante, admirablement prophétique :

« *Placet*, puisque tant et de si savants personnages le veulent ainsi; mais, longtemps après ma mort, on verra ce qui résulte d'avoir ainsi foulé aux pieds ce que jusqu'à présent on a tenu pour juste et sacré. »

Je veux vous dire seulement que l'insurrection de 1863, désirée, préparée, provoquée par les Russes, par

l'exécution nocturne et violente d'un recrutement militaire, — non, d'une *razzia*, — qui devait, en cinq heures,
dépeupler Varsovie de toute sa jeunesse, avait les sym-
pathies et l'appui moral de la France, car, dès le 3 août
de cette même année, M. le ministre des affaires étran-
gères Drouyn de Lhuys écrivait au duc de Montebello,
ambassadeur de Napoléon III près d'Alexandre II :

« Le soulèvement dont nous avons le spectacle... :

M. LE PRÉSIDENT. — Est-il bien nécessaire, Me Arago,
de lire ce document ?

Me ARAGO. — Oui, monsieur le président.

M. LE PRÉSIDENT. — Si c'est utile, nous vous laisse-
rons en donner lecture : personne plus que nous ne respecte la liberté de la défense ; mais permettez-nous un
mot : ne faites pas l'histoire de la Pologne.

Me ARAGO. — Lorsque je me présente comme avocat
dans une affaire aussi grave que celle-ci, je n'aborde
l'audience qu'après de mûres réflexions, avec la volonté
d'user de tous mes droits, d'invoquer par exemple une
dépêche officielle, cotée au *Livre jaune* de 1863.

M. LE PRÉSIDENT. — Lisez-la donc.

Me ARAGO. — Je lis :

« Le soulèvement dont nous avons le spectacle, an-
noncé par des symptômes évidents, a été provoqué par
une mesure qui, dans l'état des esprits, ne pouvait man-
quer d'avoir les plus fâcheuses conséquences. La Pologne
y a répondu en faisant appel, non aux passions révolu-
tionnaires, mais à ce qu'il y a de plus élevé dans le cœur
des hommes, aux idées de justice, de patrie et de religion. »

Cela dit, messieurs, les trois mots : *Justice, Patrie,
Religion,* vous expliquent assez l'enthousiaste ardeur du
jeune Berezowski, d'un enfant de seize ans, qui n'écoute
chez lui ni conseils ni prières, qui, malgré les siens, se ré-

volte afin de conquérir la patrie qu'il adore et la liberté de sa foi ; mais quand je le vois aujourd'hui devant la cour d'assises, où vous appréciez avec tant de sagesse les sentiments intimes de ceux que vous jugez, je dois sonder le cœur et l'esprit de ce fils qui, dès qu'on l'interroge, — après le fatal coup de feu... dont nous parlerons tout à l'heure, — dès qu'il entend la voix d'un fonctionnaire russe lui demander en russe les noms de ses parents, frémit... redevient calme, et se charge lui-même d'une malédiction sortie des lèvres de son père !

D'une malédiction ?... Ah ! vous l'avez compris, vous avez deviné qu'il croyait son père en Russie, qu'il voulait sauver sa famille !

Dévouement inutile, inutile mensonge. Il ne savait pas, cet enfant, le plus tendre des frères et le meilleur des fils, il ne sait pas même à présent ce que je viens d'apprendre, ce qu'annonçait hier un journal de Moscou : Depuis trois ou quatre ans, son père est en prison, son frère en Sibérie ! Deux malheurs de plus, deux supplices, deux victimes de plus, qui ne compteront guère dans le martyrologe des peuples de Pologne, mais....

M. LE PRÉSIDENT. — Mᵉ Arago, il est bien extraordinaire que ce journal n'ait pas été communiqué au ministère public. Le dossier de l'accusation est à votre disposition depuis plusieurs jours, et vous apportez au dernier moment un journal écrit en langue russe.

Mᵉ ARAGO. — Un journal de Moscou, écrit en langue russe....

M. LE PRÉSIDENT. — Ce qui est extraordinaire, c'est qu'un défenseur ait un document important entre les mains et ne l'ait pas communiqué.

M. LE PROCUREUR GÉNÉRAL. — Mᵉ Arago ne nous avait pas caché son système de défense ; il nous avait parlé de proclamations, d'ukases sanguinaires ; et nous lui avions dit qu'à défaut d'une communication qui rendît facile le contrôle, il s'exposerait à nous entendre soutenir que ces documents sont apocryphes. L'accusé a toujours dit que ni son père, ni sa mère, ni ses frères n'ont souffert dans l'insurrection. Qu'on ne jette donc pas au débat des pièces que nous ne pouvons discuter, des pièces écrites dans une langue qui ne nous est pas familière.

M° Arago. — J'apporte un journal, — le voici, — que l'on ne peut qualifier de document apocryphe, car il vient d'un pays où la censure préalable ne permet pas la publication de fausses nouvelles ; et quant à la communication de mon dossier, j'affirme nettement que je ne la devais pas. Quoi ! je défends un prévenu dont on demande la tête, et j'irais à l'avance livrer au ministère public mes moyens de défense ? Non pas. La communication des pièces est de droit rigoureux en matière civile ; mais, en matière criminelle, aucune règle ne l'impose. Je le déclare au nom du barreau tout entier.

M. le Président. — Au criminel comme au civil, il est de bonne loyauté de communiquer les pièces : et lorsque je prononce le mot de loyauté, je ne veux pas incriminer celle du défenseur, à laquelle je rends hommage.

M° Arago. — Sûr de mon droit, je continue, — en rapprochant de la gazette arrivée chez moi ce matin quelques lignes extraites du second interrogatoire subi par l'accusé pendant l'instruction :

« *Demande :* De ce qui précède, on peut conclure que vous n'avez pas souffert par le fait de l'empereur Alexandre et de son gouvernement, soit dans vos biens, soit dans votre famille.

« *Réponse :* Il est vrai que ni mon père, ni ma mère, ni aucun des miens n'a souffert personnellement ; mais mon pays a souffert et souffre encore. Cela étant, mon

père, mes frères et toute ma famille ont souffert et souffrent encore.

« *Demande* : Votre père, cependant, et votre frère
aîné paraissent avoir accepté la situation qui leur est
faite ?

« *Réponse :* Peut-être ont-ils peur et n'ont-ils pas assez d'énergie pour manifester qu'ils souffrent. »

Rien de plus touchant, selon moi, que ces brèves ré-
ponses du pauvre prisonnier. On pourrait.... mais pas-
sons ; je n'avais pas dessein, quand je vous les ai lues,
d'établir un contraste entre ce qu'il pensait du sort de sa
famille et les déplorables nouvelles qu'il en reçoit ici. Je
vous montrais son âme toute pleine d'amour pour son brave
pays.

Cet amour-là, d'ailleurs, passion exclusive qui n'a jamais permis à sa forte nature ni repos, ni plaisir, vous
est noblement peint par les honorables témoins que nous
venons d'entendre ; par le colonel Ruszczewski, vous
expliquant d'abord comment il l'a connu le plus ardent
et le plus sage de ses jeunes soldats ; par les capitaines
Frankowski et Sierzputowski, nous disant ensuite son
chagrin, son profond désespoir après la retraite forcée
de la dernière campagne. En Gallicie, à Vienne, à
Manheim, en Belgique, nul conseil amical ne pouvait le
distraire. Il voulait rentrer en Pologne, lutter encore, se
battre !... — Et son travail même, à Paris, soit dans
les ateliers du chemin de fer du Nord, soit dans la mai-
son Gouin, n'avait pas d'autre but. Il économisa (rete-
nons ce détail, qui ne prouve pas seulement la régula-
rité d'une existence difficile et la pureté de ses mœurs),
il thésaurisa sou par sou, sur un très-modeste salaire, la
grosse somme de 225 francs, afin de passer un semestre
dans la pension Jauffret, certain que plus instruit il ser-
virait mieux la Pologne.

Le semestre écoulé, trop vite pour l'élève et trop tôt pour le maître, car M. Courgeon, directeur de l'Institution, prononçait devant vous cette noble parole, dont je le remercie : « Je n'ai qu'un reproche à lui faire, c'est d'avoir manqué de confiance, en ne m'avouant pas qu'il quittait la pension par défaut de ressources ; » — il reprit sa vie d'ouvrier, de labeur manuel ; mais tous ses compagnons nous le représentent rêveur, sombre, mélancolique, passant ses nuits à lire, à réciter des vers... — des vers de Mickiewicz, qu'il apprenait par cœur (douce langue natale), et qu'il se répétait pour essayer parfois de tromper son exil.

Quant aux livres trouvés et saisis dans sa chambre, vingt ou trente volumes de philosophie et d'histoire, (« perdition de l'esprit ! ») on les prend, on les feuillette ; on croit découvrir une page cornée, précisément à l'endroit où l'auteur parle de Ravaillac, et l'on conclut de cette marque plus ou moins apparente qu'il étudiait le régicide ! — « Je ne suis pas Jésuite, » répond-il simplement, « et le tzar Alexandre ne ressemble guère à Henri IV. » — Excellente réponse, à laquelle j'ajoute que nous serions tous menacés d'une bien terrible façon par l'instruction criminelle qui noterait dans nos bibliothèques les traces de nos lectures !

Ne recherchons donc plus à quel genre d'études Berezowski consacrait ses soirées ; j'avoue que fréquemment, les dimanches surtout, il courait aux journaux ; qu'il lisait en pleurant, en tremblant de colère, les gazettes de Pétersbourg, de Vilna, de Moscou ; qu'il apprenait là les tortures de ses concitoyens ; que son patriotisme était exaspéré !...

A ce mot, messieurs, je m'arrête, pour en bien constater le véritable sens lorsqu'il s'agit des Polonais. Le patriotisme chez eux est la réunion de ces trois sentiments, les plus nobles du monde, que M. Drouyn de Lhuys voyait et signalait dans l'insurrection de 1863 : haine de l'oppression, soif de l'indépendance, attachement profond à la religion des aïeux ; et je demande maintenant si Berezowski se trompait quand il croyait que la justice, que sa patrie et que sa religion étaient martyrisées par l'empereur des Russes !

Examinons les faits, que je ne veux pas emprunter (j'ai besoin de le dire pour rassurer d'avance M. le président) à des récits d'historiens dont la véracité puisse être mise en doute, mais que je prendrai tous, ou dans le *Moniteur*, ou dans les journaux moscovites ayant caractère officiel, ou dans ce livre-ci : « RECUEIL AUTHENTIQUE *des décrets et des circulaires du comte Mourawieff concernant la répression de l'insurrection polonaise,* » monument élevé par le pouvoir suprême à la gloire de l'homme !... que vous allez connaître. — Après les violences du recrutement militaire tenté à Varsovie pendant la nuit du 14 au 15 janvier 1863, recrutement suivi d'un mouvement presque général d'insurrection, la Pologne entière fut livrée aux généraux russes ; l'état de siége fut mis partout, un officier tenant chaque district ; et, maître absolu de la vie de tous les Polonais dans neuf gouvernements, Mourawieff, gouverneur général de la Lithuanie, lança contre des citoyens défendant leur pays d'atroces circulaires dont voici la teneur :

*« Circulaire adressée aux chefs militaires de Minsk, Witebsk et Grodno, le 8 mai 1863 :*

« L'état de siége doit être établi conformément aux prescriptions, et les mesures les plus sévères doivent être prises pour la répression de l'insurrection.

« Toutes les personnes qui ont pris *plus ou moins part*

à l'insurrection doivent être arrêtées et jugées avec toute la sévérité de la loi. Elles doivent être jugées d'après la loi martiale, et *vous êtes autorisés à confirmer les sentences de mort et à les faire exécuter immédiatement.* »

De simples officiers, commandants de districts, autorisés à confirmer des sentences de mort ! poursuivons :

« *Ordre général et décret* (pages 211 et 212 du Recueil ) :

« Afin de réprimer l'insurrection, *S. M. l'empereur a daigné ordonner de prendre les mesures les plus énergiques* pour la punition des coupables. Dans ce but, ils sont divisés en cinq catégories.

« Les personnes de la première catégorie, dont la culpabilité est manifeste *sans enquête préalable*, doivent être traduites immédiatement après leur capture devant les cours martiales, dont les arrêts seront confirmés par les chefs militaires locaux, ou par ceux des chefs de détachement auxquels ils délégueront ce pouvoir.

« Si l'enquête préalable paraît être nécessaire , les chefs militaires, après l'avoir ordonnée, ont le droit de confirmer définitivement et de *faire exécuter immédiatement les sentences de mort.*

« Les personnes de la première catégorie doivent être jugées avec toute la sévérité de la loi martiale, et s'il y a des circonstances atténuantes, celles-ci devront être examinées, *avant leur admission*, par le chef de la circonscription militaire de Kieff. »

« *Troisième circulaire, du 25 juillet* 1863 :

« D'après les rapports que je reçois de diverses contrées du pays dont l'administration m'a été confiée par

Sa Majesté, beaucoup d'insurgés reviennent volontairement des bandes et se présentent chez les autorités en
implorant le pardon. Ceux qui errent encore dans les
forêts ne sont que des opiniâtres et des rebelles endurcis
dans le mal, qui sont indignes de pitié. Par conséquent,
*j'ordonne que ces rebelles, après leur capture, surtout s'ils
sont propriétaires ou prêtres catholiques*, soient traduits
immédiatement devant les cours martiale, *condamnés à
mort et exécutés dans les vingt-quatre heures.* »

N'y avait-il là, par hasard, que de simples menaces?
Berezowski calomniait-il Mourawieff s'il y trouvait plus
que la volonté d'effrayer des *rebelles?* — Non pas.
De février 1863 à la fin de décembre, 245 exécutions ont
eu lieu en Pologne!

Et la répression, — disons mieux, — la haine, la
vengeance, ne se bornaient pas à tuer. L'exil frappait
d'un coup, comme une épidémie, des provinces entières :
31,573 habitants du seul Royaume de Pologne ont été
transportés en 1863 au fond de la Russie ; — mons-
trueuses violences que l'on n'avait pas vues depuis l'anti-
quité, depuis les grandes monarchies d'Assyrie et de Ba-
bylone !

Est-ce que j'exagère? Est-ce que j'aggrave ces faits,
pour les besoins de la défense? — Lisons le *Moniteur*
(numéro du 10 mai 1864), citant le *Courrier de Vilna*,
journal officiel russe :

« Dès le commencement de l'insurrection, les habitants du bourg d'Ibiany, dans le gouvernement de Kowno,
bourg peuplé en grande partie de petite noblesse, ont
pris une part active au mouvement.

« *Le bourg d'Ibiany n'existe plus à l'heure qu'il est.*
Parmi les habitants, les principaux coupables ont été
traduits devant les cours martiales, jugés et condamnés,
les autres ont été transportés, par décision du gouverne-

ment, dans les provinces du fond de l'empire et y sont établis comme colons. Le commandant de la première brigade de troupes, tenant garnison dans le gouvernement de Kowno, *a détruit de fond en comble le bourg d'Iliany et n'en a laissé aucune trace, conformément aux ordres du chef du pays, le général Mourawieff.* Les terres appartenant à la noblesse de cette contrée ont été distribuées à trente-deux familles de vieux croyants (Raskolniks). Pour effacer jusqu'à la trace de ce nid de rebelles détruit par les autorités, la nouvelle colonie de vieux croyants fondée sur ses décombres a reçu le nom de colonie Nicolas. Chaque famille a obtenu dix arpents pour y construire son habitation, et a reçu en outre 100 roubles (400 fr.) sur les sommes provenant des contributions de guerre mises sur les propriétaires et une portion des forêts confisquées sur les rebelles. »

L'horreur n'est pas complète ; et, pour la compléter, le *Moniteur* nous dit, le 29 juin suivant :

« Le *Courrier de Vilna* annonce, dans sa partie officielle, que trois habitants notables de la ville de Kowno, MM. Marcel Wicklewicz, Damaze Szablewicz et Sigismond Proniewicz, ont été condamnés à mort pour participation à l'insurrection, et *pendus sur l'emplacement de l'ancien bourg d'Ibiany.* »

Dois-je à présent parler d'exactions, d'impôts, d'amendes, de séquestres, de confiscations ruinant la Ruthénie et la Lithuanie, selon les termes d'un ukase du 22 décembre 1865 ; d'expropriations qui, par ordre suprême du 6 janvier 1866, mettent en interdit, dans neuf gouvernements, tous les propriétaires de race polonaise ; de rescrits prohibant les livres polonais, la langue polonaise ; d'incroyables décrets réglant le nombre des personnes qui peuvent suivre les convois, accompagner les morts ; d'ordonnances rendues contre le deuil des femmes?... Ordonnances contre le deuil, quand on fait tant de veuves !

Non ; — mais il faut savoir qu'après ces actes inouïs, si la pauvre Pologne, profondément religieuse, et non résignée cependant, se tourne vers le ciel, un autre drame la consterne. On chasse, on persécute, on exile ses prêtres. Un archevêque, cinq évêques, sont déportés ou morts en déportation ! Le fanatisme russe, incessamment armé pour asservir les masses à la religion grecque dont le tzar est le pape, outrage la nation martyre, la désole, et voudrait avilir son cœur national autant que le torturent ses tyrans politiques.

Berezowski m'a dit, à propos des scandales de cette propagande :

« La Russie, monsieur, ne nous prend pas seulement nos propriétés et nos corps ; elle nous prend nos âmes ; elle a violé nos deux mères, notre patrie et notre Église ! »

J'ai su par lui l'histoire des conversions faites à coups de roubles et de knout, et si bien obtenues que, le 15 juin dernier, de passage à Wilna, l'Empereur Alexandre répondait au discours d'une députation de renégats :

« Je suis très-content de vous voir convertis à la religion orthodoxe, et je suis assuré que vous vous êtes convertis volontairement et sincèrement. *Apprenez cependant que, sous aucun prétexte, je ne permettrai jamais de revenir au catholicisme à ceux qui se sont donnés une fois à l'orthodoxie.* Répétez-le de ma part à tous les vôtres. »

Il m'a raconté la terreur, l'épouvante secrète des populations à l'arrivée d'un pope remplaçant auprès d'elles un prêtre catholique, et, comme son récit me trouvait incrédule, un livre, le Code russe, m'a clairement prouvé qu'il avait trop raison ! Ouvrons ce Code, messieurs, et veuillez écouter :

*De la procédure dans les affaires concernant les crimes*
*prévus par les deux premiers articles (crimes politi-*
*ques) devant les Tribunaux ordinaires.*

« Art. 1424.—Les gens de toutes les conditions *doi-*
*vent dénoncer* les crimes prévus par les deux premiers
articles, et, s'ils ne le font pas, ils seront condamnés aux
mêmes peines que ceux qui ont commis le crime. »

« Art. 1425.—On doit dénoncer, dans le cas de ce
genre de crimes, non-seulement les principaux coupables,
*mais aussi ceux qui leur ont accordé leur aide ou donné*
*un conseil ou qui avaient l'intention de commettre le crime,*
*quoiqu'ils ne l'aient pas réalisé ; on doit les dénoncer non-*
*seulement en se fondant sur des preuves évidentes et sûres,*
*mais aussi dans le cas où on ne peut se fonder que sur les*
*récits ou les ouï-dire des autres.* »

« Art. 1426.—Si quelqu'un déclare *à son confesseur,*
*en confession,* qu'il a un mauvais projet contre l'hon-
neur et la vie de l'Empereur, ou qu'il se propose de faire
une révolte ou d'accomplir une trahison, et si, en le dé-
clarant, il ne manifeste ni regret ni intention de renoncer
à son projet, mais s'il le confesse uniquement pour s'af
fermir dans son projet criminel par le silence du confesseur, *celui-ci doit le dénoncer immédiatement, vu*
*qu'une confession pareille n'est pas régulière,* car le péni-
tent n'a pas manifesté de regret sur tous ses péchés. »

« Art. 1427.—Le confesseur ne doit pas dévoiler,
dans sa première dénonciation, tout ce qui lui a été dit
en confession, mais seulement mentionner qu'un tel
(*indiquer le nom et la demeure*) a un mauvais projet
contre l'Empereur ou contre l'État et qu'il n'en a pas
manifesté de regret. Par suite de cette déposition, le
suspect doit être arrêté immédiatement. Après son arres-
tation et après le commencement de l'instruction crimi-

nelle, *le confesseur doïl dénoncer tout ce qu'il a entendu sur le mauvais projet, sans cacher le moindre détail.* »

« ART. 1428. *Les épouses, les enfants, les parents et les serviteurs ne sont pas exempts du devoir de dénoncer les crimes de cette catégorie ; en cas de non-dénonciation, ils seront punis comme complices du crime.* »

Ne croit-on pas rêver, alors même qu'on lit, qu'on voit et que l'on touche, servant de base aux lois d'un Code européen, ces ordres odieux qui font de l'espionnage un devoir absolu pour le serviteur et l'enfant, pour l'épouse et le prêtre?

Ils attesteraient seuls les angoisses du peuple héroïque et moral que, *per fas et nefas*, on y soumet de force ; — ils justifieront mieux que tous les commentaires le superbe langage d'un illustre prélat qui s'écriait naguère avec tant d'éloquence :

« En ce moment où toutes les Eglises du monde, représentées par quatre cents évêques, entourent le Père commun, il en est une qui nous est chère entre toutes par sa fidélité, son héroïsme et ses malheurs, et que nous ne voyons pas ici. O chère Église de Pologne ! nous avons cherché en vain, pour lui baiser les mains, comme on fait aux martyrs, un seul de tes évêques ! »

« Il n'y en avait pas. Pourquoi ? Sont-ils dans ces exils d'où l'on ne revient pas ? A-t-on craint qu'ils n'émeuvent trop douloureusement le doux pontife en lui faisant voir de près les maux que tu souffres ? Mais qui les ignore sous le soleil ? Oh ! quand donc renoncera-t-on à vouloir t'arracher sanglante du sein de l'Église romaine, ta mère, ô Pologne ! comme la nôtre ? »

Ils démontrent enfin ce que Berezowski, patriote exalté, autant que catholique sincère et convaincu, sentit se remuer jusqu'au fond de son cœur, dès qu'il apprit, au mois de mai dernier, que le tzar Alexandre allait venir en France ; — le tzar, souverain maître, arbitre souverain des destinées de la Pologne ; le tzar, *qui sait tout, qui fait tout*, puisque, dans les écoles où les petits enfants ne peuvent plus parler la langue de leurs pères, les popes leur enseignent un catéchisme étrange qu'ils ont intitulé : *Catéchisme officiel du culte envers le tzar.*

Est-ce à dire pourtant que, dès le mois de mai, Berezowski ait conçu le dessein de tuer le tzar ? L'accusation le croit, et rapporte les termes d'un serment prêté en Pologne...

M. LE PROCUREUR GÉNÉRAL. — Oui, le serment de Kilimski.

M<sup>e</sup> ARAGO.—Erreur. Ce serment-là, dont il ne répudie ni les mots ni le but, qui ne contient d'ailleurs l'apologie d'aucun fait criminel : « — Je jure à Dieu, à l'Univers, à la Nation, d'être toujours le défenseur fidèle de la patrie ; je m'engage à préparer tous les moyens pour faire réussir l'insurrection, à venger sur l'ennemi tous les malheurs dont l'un des nôtres pourrait tomber victime. Ainsi, Dieu me soit en aide, et le martyre de son fils !... » — ce serment-là remonte au dernier siècle et n'a plus aujourd'hui que la pieuse valeur d'une légende populaire.

L'unique engagement qu'il ait pris en Pologne, sous la foi d'un serment, l'obligeait à lutter, à combattre les Russes. Il n'aurait pas juré de frapper l'autocrate, car il vous dit naïvement dans l'interrogatoire du 23 juin : « Je n'avais jamais supposé que je pourrais autant me rapprocher d'un tzar . »

Mais à quoi bon discuter là-dessus ? Qu'importe le moment où naquit le projet de son action du 6 juin ? S'il a tressailli, le 20 mai, d'un éclair de vengeance, qui donc affirmerait qu'en quittant Paris le 25, pour aller à Mouy demander du travail, il n'obéissait pas au désir instinctif de ne s'y point trouver en même temps que l'Empereur, que le maître de Mourawieff ?

Le vrai, c'est qu'il ne put demeurer à Mouy, où l'ouvrage manquait ; c'est qu'il dut revenir, rentrer le 1er juin par le chemin du Nord, par la gare du Nord, deux heures avant le tzar ; c'est que la grande nouvelle de l'arrivée du tzar le frappa, le retint et le cloua sur place ; qu'il attendit deux heures, obsédé, possédé d'une pensée fatale : le destin me l'amène !... C'est qu'il le vit de près, qu'il suivit le cortége pour le revoir encore ; qu'il le revit deux fois pour le bien reconnaître, et que, trois jours plus tard, muni d'un pistolet, il s'achemina seul vers le bois de Boulogne !...

« Il allait s'embusquer, » dit l'accusation, « commettre froidement un lâche assassinat ! » — Oh ! messieurs les jurés, permettez, je vous prie, que, ne me bornant pas à constater un fait, je cherche dans l'esprit, dans la moralité de celui qu'on accuse, et que je défends devant vous, une explication de l'acte incriminé. Je n'approuve sans doute et je n'excuse point ce que toutes les lois de presque tous les peuples ont justement flétri (je dis *de presque tous*, car j'ai là ce volume : *Ordres de Mourawieff*), mais je dois rappeler avec quelle énergie Berezowski proteste contre l'idée d'un crime. Il ne comprenait pas, chez le magistrat instructeur, qu'on lui parlât de *crime*, et ne consentait à répondre que si l'on rayait ce mot-là des interrogatoires. Il ne comprend pas davantage et ne peut pas admettre que la guerre ait cessé entre la Russie et la Pologne ; il ne connaît pas d'armistice.

Aussi, quel jour prend-il et quelle occasion pour affronter le tzar ? Un jour de fête et de revue, jour où les armes brillent, où tambours et clairons battent aux champs, sonnent la charge... La guerre ! c'est la guerre !

Il n'aperçoit de loin, dans les états-majors, que les uni-
formes des Russes, il se croit en Pologne, et les lanciers
rapides qui sillonnent le bois, sont ses lanciers de Volhynie. La France disparaît; quatre ans d'exil s'effacent :
— plus de fête, — des morts dont le sang crie vengeance, ceux du 8 avril 1861, ceux qu'on a massacrés !...
Mais nous l'avons tous vue, cette horrible scène; un tableau, qui n'est pas seulement une magnifique peinture,
nous l'a si bien décrite que je la vois encore, que je la
vois toujours.

La foule agenouillée vient de chanter des psaumes et
de dire : « Patrie; nous demandons une patrie. » Là
mort a répondu. Plusieurs sont tombés ou chancellent,
l'un d'eux portant la croix; les survivants répètent, im-
mobiles, stoïques, devant les fusils russes abaissés de
nouveau dans un nuage de fumée : « Nous demandons
une patrie ! » Je regarde, j'écoute... — on l'entend, ce
tableau ! — Je vois des hommes pâles et des femmes en
deuil, des vieillards, une mère... un tout petit enfant,
que cette mère embrasse; puis... j'entends, sur la foule,
planer comme un murmure, comme la fin d'un psaume :
« Patrie... patrie... patrie... » Et, derrière la toile, une
voix qui dit : « Feu ! » Laquelle ?...

Le tzar passe; Berezowski s'élance !...

Dix minutes après, au fond de la voiture où deux
gardes le tiennent, Berezowski blessé, sortant comme
d'un rêve, dit : « Vive la Pologne ! » Les deux gardes le
pressent de nommer ses complices, il répond : « Mon
pays. »

Non, certes ; son pays n'était pas son complice. La
Pologne opprimée sait que la fin d'un tzar ne la sauve-
rait pas ; et lui-même aujourd'hui comprend bien avec
nous que les saintes ligues des peuples contre la tyran-
nie, les révolutions faites au grand soleil, à la face du

ciel, ont seules le pouvoir de nous rendre ici-bas la liberté perdue.

Mais l'accusation n'aurait pas dû prétendre qu'il a menacé lâchement un ennemi sans armes; car il demandera, songeant à Varsovie, si le 8 avril fut un jour de bataille; si le petit enfant, qu'une balle russe a troué sur le sein maternel était un ennemi défiant les cosaques.

Mais l'accusation n'aurait pas dû prétendre, au risque d'éveiller un fâcheux souvenir, qu'il nous outrageait tous en voulant frapper dans Paris un hôte de la France; car l'hospitalité ne crée pas que des droits; car l'hôte qu'on respecte est tenu, j'imagine, à respecter aussi le pays qu'il visite; et longtemps avant le 6 juin 1867, l'empereur Alexandre avait plus qu'oublié les principes, les mœurs, l'humanité, les lois, l'hospitalité de la France, en approuvant à Nice ce qui nous fait horreur, en datant de Nice le rescrit qui félicite et nomme comte, pour sa noble attitude envers les Polonais, le général Mourawieff !...

Assez ! je crois, messieurs, vous avoir dit assez tout ce que j'ai dans l'âme, et mon espoir serait cruellement trompé par un verdict rendu tel que le sollicite monsieur le procureur général avec une rigueur dont l'énergie m'afflige.

Quoi ! — penserais-je alors, — nous voyons chaque jour, assis là, sur ce banc, des hommes animés de passions vulgaires, égoïstes, brutales, des misérables que la haine, un accès de colère ou de jalousie furieuse ont poussés jusqu'au crime. Le jury les écoute froidement, sagement, cherchant en eux la preuve de l'intention coupable, évidente, certaine... ne la trouve pas, les acquitte ! tandis que cet enfant, bon et pur entre tous, qui n'a jamais eu, je le jure, qu'un triple amour au cœur, *Justice, Patrie, Religion*, vous le condamneriez?... Oh ! comment exprimer ?... Tenez, j'emprunte un mot au langage mystique de sa chère Pologne : Si vous le condamniez, ce serait malgré Dieu !

Après la réplique de M. le procureur général, Mᵉ Emmanuel Arago a repris la parole en ces termes :

MESSIEURS LES JURÉS,

Je ne saurais cacher l'étonnement profond que je viens d'éprouver en écoutant la sévère réplique de M. le procureur général.

J'aurais dû, pense-t-on, ne rappeler ici ni les ukases sanguinaires de 1863, ni les ordres cruels du comte Mourawieff, ni les lois, ni le Code, où l'on veut bien pourtant relever, après nous, *quelques textes étranges,* épaves supposées d'un temps de barbarie.

Je crois, au contraire, j'affirme que j'aurais trahi mon devoir si je n'avais pas expliqué l'attaque du 6 juin par la plus odieuse des persécutions.

Toute ma cause est là ; — et j'ai regretté, néanmoins, lorsque nous entendions invoquer la doctrine de Filangieri qui compare les souverains aux pères de familles, que l'éminent organe de l'accusation ne se laissât pas entraîner jusqu'à prétendre devant vous qu'Antoine Berezowski, faisant feu sur le tzar, tentait un parricide !

Je l'ai regretté, car la thèse du ministère public ainsi développée ne s'écartait pas du procès ; ne m'aurait pas contraint à demander pourquoi, — tandis qu'on me reproche de vous avoir montré les plaies de la Pologne, — on vous mène au Mexique ; et pourquoi l'on soutient qu'en ne traitant pas aujourd'hui comme un vil assassin, digne de l'échafaud, ce jeune Polonais dont vous aimez le cœur généreux et naïf, vous fourniriez des armes aux hommes qu'on appelle, — un peu trop tôt peut-être, — *les infâmes meneurs de l'anarchie mexicaine.*

Où va-t-on donc, messieurs? A quelle théorie de solidarité vous conduit-on par cette voie? Aurait-on dessein de prouver que la mort violente des rois, des empereurs, excite toujours, en tous lieux, de tels ébranlements qu'un seul et même crime épouvante le monde dans tous les attentats contre la vie des princes?

On le veut? — Je réponds que l'avant-dernier tzar (et je fais d'abord remarquer que, s'il y a bien loin de Berezowski à Juarez, Alexandre II est bien près d'Alexandre I<sup>er</sup>), je réponds que le tzar Alexandre I<sup>er</sup>, recevant la nouvelle de l'exécution de Murat, fusillé en Calabre, d'un roi qui tenait à la France, témoigna tant de joie qu'il jeta sa bourse au courrier porteur de la dépêche; qu'il écrivit ensuite à son cousin de Naples pour le féliciter de *l'heureux événement!*

Mais je n'insiste pas; — je n'ai cité Murat qu'en répondant au nom de Maximilien, l'argument décisif de l'accusation; — mais oublions, messieurs, tout ce qui n'est pas le procès que vous allez juger; ne voyez ici que l'enfant qui s'est cru, le 6 juin, le représentant inspiré d'une patrie martyre.

Ah! comment se peut-il que M. le procureur général vous ait instamment suppliés, — j'ai noté ses paroles! — de punir *un grand crime* et de donner au monde *une grande leçon,* sans vous préoccuper des vertus et de l'âge de celui qu'il accuse!

Un grand crime, messieurs? — Vous connaissez les faits, dont je ne dis plus rien; — et quant à la leçon qu'on vous prie de donner, l'humanité l'attend. Ce n'est pas moi qui la redoute.

Paris.—Typ. de Rouge frères, Dunon et Fresné, rue du Tour-St-Germain, 43.